.

I

CONSULTATION
DU PARLEMENT DE PARIS
sur le Procés pendant à la Rote de Rome.

POUR Dame JULIE-LUCINE DANGENNES, Dame d'Honneur de la Reine, Epouse de Messire Charles de Sainte Maure, Duc de Montauzier, Pair de France, Chevalier des Ordres du Roy, Gouverneur de Monseigneur le Dauphin, Marquis de Rambouillet & de Pisani, Gouverneur & Lieutenant General pour Sa Majesté en ses Provinces de Xaintonge & Angoumois, son Lieutenant General en la Haute & Basse Alsace, & Commandant pour son service en la Province de Normandie :

Et Damoiselles LOUISE-CATHERINE, & JULIE-FRANÇOISE ADHEIMAR DE MONTEIL DE GRIGNAN, filles mineures & heritieres de defunte Dame Angelique-Clarice Dangennes leur mere, au jour de son decés Epouse de Messire François Adheimar de Monteil de Grignan, Chevalier Seigneur Comte dudit Grignan & autres lieux, Lieutenant General pour Sa Majesté en Provence.

Ladite Dame Duchesse de Montauzier, & lesdites Damoiselles de Grignan ses nieces, par representation de ladite Dame leur mere, donataires de defunte Dame Catherine de Vivonne Savelli, Marquise de Rambouillet, au jour de son decés veuve de Messire Charles Dangennes, vivant Chevalier des Ordres du Roy, Grand-Maître de la Garderobe de Sa Majesté, Marquis de Rambouillet, Vidame du Mans, Seigneur d'Arquenay, Maisoncelle, Daviet & autres lieux.

Laquelle Dame Marquise de Rambouillet étoit fille de défunt Messire Jean de Vivonne, vivant Chevalier des Ordres du Roy, Marquis de Pisani & autres lieux, & de Dame Julie Savelli.

Ladite Dame Julie Savelli fille de Messire Christophe Savelli, Baron Romain, & de Dame Clarice Strozzi.

Et ladite Dame Clarice Strozzi fille de Messire Robert Strozzi & de Dame Madelene de Medicis, & sœur de Messire Leon Strozzi.

CONTRE *Messire Jean-Batiste Strozzi, heritier universel institué dudit Leon Strozzi.*

LE soussigné Avocat au Parlement de Paris, qui a vu le Contrat passé à Fontainebleau pardevant Jean de la Marque Notaire & Tabellion suivant la Cour, le 22. Fevrier 1560. entre Messire Robert Strozzi d'une part, & Messire Philippe Strozzi son neveu, fils mineur de Messire Pierre Strozzi vivant Maréchal de France, avec l'autorité de Monsieur le Cardinal Strozzi son Curateur, d'autre part ; & toutes les pieces & memoires touchant la succession & les biens de Messire Robert Strozzi decedé en 1566. de Messire Philippe Strozzi decedé en 1582. & de Messire Leon Strozzi decedé en 1632. & toutes les procedures faites tant à Paris qu'à Rome, touchant la verité & validité dudit Contrat du 22. Fevrier 1560.

EST D'AVIS, que le nombre de toutes les questions qui ont été formées & traitées, se reduisent à trois chefs principaux. Le premier, sur la qualité de l'acte du 22. Fevrier 1560. le second, sur la procedure, & le troisiême, sur le fond.

A

11.411

On ne revoque point en doute que fi Meffire Leon Strozzi decedé à Rome en 1632. n'avoit point fait de Teftament, & que fes biens euffent été libres, ils apartiendroient ab inteftat aux defcendans de Clarice, Julie & Alphonfine Strozzi fes fœurs, qui étoient la Dame Marquife de Rambouillet petite-fille de Clarice, les Sieurs de Frangipani enfans de Julie, & les Sieurs Comtes de Fiefque petits-fils d'Alphonfine.

On ne doute pas auffi que la fucceffion ab inteftat ne foit regulierement emportée par l'inftitution d'heritier univerfel, qui étoit Meffire Jean-Batifte Strozzi.

Mais comme l'inftitution d'heritier eft opofée aux heritiers ab inteftat, les mêmes heritiers du fang opofent des fubftitutions fideicommiffaires portées par le Contrat du 22. Fevrier 1560. au moyen dequoi Meffire Leon Strozzi n'a pu difpofer des biens qu'il étoit chargé de reftituer.

Ainfi la premiere queftion eft fur la qualité de l'acte du 22. Fevrier 1560.

Cet acte eft paffé en France à Fontainebleau par Jean de la Marque Notaire fuivant la Cour : donc cette premiere queftion doit être décidée fuivant les regles de la France.

Pour regler la qualité d'un acte, on doit fuivre ce qui s'obferve dans le lieu où il a été paffé. S'il y avoit un procès en France fur la qualité d'un acte paffé à Rome, il faudroit avoir recours à l'ufage de Rome.

Quand en France il fe prefente une queftion en quelque Tribunal que ce foit, touchant la validité ou invalidité d'un acte paffé en une autre Province, ou en une autre Coutume, ou en une autre Jurifdiction que celle en laquelle on procede, l'on ne confidere pas les formalités ni l'ufage du Tribunal où l'on plaide, mais feulement fi l'acte eft fuivant les regles du lieu où il a été paffé, s'il y feroit valable, & s'il y auroit fon execution.

Cette jurifprudence eft fondée fur deux raifons ; l'une, que quand il s'agit de la validité ou invalidité d'un acte, il faut examiner fi l'acte a été parfait ou non, ce qui ne fe peut faire que par la loi, l'ufage ou le ftile du lieu où il a été paffé, étant certain que le changement de Jurifdiction ne doit point changer la validité ou invalidité d'un acte ; parce que s'il étoit jugé par d'autres regles, il n'y auroit point d'acte qui pût être affuré.

L'autre raifon eft, que fi la qualité d'un acte recevoit quelque changement par le changement de la Jurifdiction, il s'enfuivroit qu'un feul & même acte feroit valable & non valable ; qu'il feroit valable en un lieu, & non valable en un autre ; qu'il fubfifteroit & qu'il ne fubfifteroit point, & qu'il feroit jugé felon les maximes differentes des lieux ; en décidant felon le lieu où il feroit jugé, il en naîtroit quantité d'inconveniens ; au lieu que reglant la validité ou invalidité d'un acte felon le lieu auquel il a été paffé, fa qualité eft toujours uniforme.

Il eft bien vrai que quand il s'agit de la difpofition des biens, on la regle felon la loi du domicile pour les meubles & effets mobiliers, & felon la fituation pour les immeubles, & qu'en ce cas le lieu où l'acte a été paffé eft peu confiderable ; de forte qu'une difpofition peut valoir pour une efpece de bien, & ne pas valoir pour d'autres biens, mais cela n'a rien de commun avec la qualité de l'acte. Un acte ne peut être en même tems valable & non valable.

Ce que deffus eft de droit commun, il ne s'agit ici que de la qualité de l'acte. La Rote de Rome doit la même juftice pour juger de la qualité d'un acte paffé en France, que la France feroit à Rome, s'il étoit queftion en France de la validité d'un acte paffé à Rome.

Comme en ce cas on jugeroit felon l'ufage de Rome, fans examiner ni la Loi de la France, ni les Ordonnances, ni les Coutumes ; auffi en jugeant dans Rome la qualité d'un acte paffé en France, il n'y a pas lieu de s'arrêter ni au Droit Romain, ni aux fentimens des Docteurs, ni aux fubtilités ou raifonnemens de ceux qui ont écrit à Rome pour combatre la qualité de l'acte paffé à Fontainebleau le 22. Fevrier 1560.

Ce fondement préfupofé, il faut voir fi de la part de la France on fait quelque doute à la validité de cet acte, ou plutôt fi cet acte ne paffe pas pour tres-valable en France, en la forme qu'il eft reprefenté.

Il faut préfumer pour la validité d'un acte, quand il n'y a rien qui s'y opofe.

La préfomption n'eft jamais d'elle-même pour reputer un acte faux ou nul, s'il n'y a des preuves formelles, ou des autorités précifes, ou en tout cas des circonftances tres violentes, d'où l'on puiffe inferer la fauffeté ou la nullité.

Tant s'en faut qu'il y ait preuve, autorité ou circonftance en ce qui procede de la France où l'acte a été paffé, pour inferer aucune fauffeté ou nullité, qu'au contraire tous les actes qui en procedent, établiffent & confirment la verité & la validité de l'acte du 22. Fevrier 1560. dont il s'agit.

Il y en avoit une première groffe fignée du Notaire qui l'a reçu, entre les mains de la Dame Comteffe de Fiefque, laquelle y avoit interêt à caufe de fon fils qui étoit l'un des apellés à la fubftitution.

Il y eut une Sentence du Prevôt de l'Hôtel du 1. Avril 1631. qui fait connoître que cette groffe étoit veritable & valable.

La Dame Comteffe de Fiefque paffa plus avant pour affurer la verité & la validité de cet acte, elle donna Requête au Prevôt de Paris le 30. du mois d'Avril 1631. afin de mettre cette groffe entre les mains d'un Notaire du Châtelet de Paris. Exploit donné le 13. Mai aux Sieur & Dame de Rambouillet & aux Sieurs Frangipani, qui étoient les autres intereffés à la fubftitution. Sentence du Prevôt de Paris, du 16. Mai, qui ordonne que la groffe fera mife entre les mains de Charles Notaire au Châtelet. Sentence executée le 21. du même mois, la groffe eft mife entre les mains de Charles Notaire, qui en a delivré les expeditions.

Outre les expeditions fignées de deux Notaires du Châtelet de Paris le 23. Janvier 1633. il y a une atteftation de deux Notaires Apoftoliques fur celle de deux Archidiacres de l'Eglife Metropolitaine de Paris, que cette expedition eft en la forme que l'on a coûtume de faire en France les expeditions des contrats.

Il y a encore une atteftation de trois Banquiers Expeditionaires en Cour de Rome, portant que les contrats fe paffoient ainfi en l'année 1560. & auparavant.

Il y a auffi des Lettres Patentes du Roy du 16. Avril audit an 1633. regiftrées au Parlement de Paris le 19. du même mois & an; Sentence du Châtelet de Paris du 22. Mai enfuivant.

Lettres de compulfoire furent obtenuës à Rome, adreffées au Prevôt de Paris ou fon Lieutenant Civil, le Sieur Marquis de Rambouillet & le Sieur Comte de Fiefque voulurent faire proceder à la reconnoiffance par comparaifon d'écritures, le Procureur de Meffire Jean-Batifte Strozzi apella, le Lieutenant Civil du Châtelet envoya les parties à la Rote.

Le 5. Juillet 1634. la Rote donna d'autres Lettres de compulfoire, on reprefenta au Châtelet de Paris non feulement deux actes du 22. Fevrier 1560. dont celui en queftion eft l'un, mais auffi d'autres actes paffés pardevant le même Jean de la Marque Notaire fuivant la Cour, plufieurs témoins furent ouïs, qui confirment la verité & la validité de l'acte.

Ainfi tout ce qui procede de France autorife cet acte qui eft paffé en France, aprés quoi l'on ne devoit point former de conteftation dans Rome fur la verité ou validité de cet acte.

On n'a pas laiffé neanmoins d'y faire plufieurs objections pour le combatre.

Il y en a jufqu'à douze, dont quatre font pour attaquer la verité, les huit autres la validité.

LES QUATRE dont l'on induit que l'acte n'eft pas veritable, font;

1°. Qu'il n'y a point de preuve que Jean de la Marque qui l'a reçu ait été Notaire.

2°. Qu'il n'eft pas conftant que la fignature foit de Jean de la Marque.

3°. Qu'il y eft porté que Monfieur le Cardinal Strozzi étoit prefent, & qu'il y a preuve qu'il étoit alors à Rome.

4°. Que cet acte d'où l'on veut établir une fubftitution fideicommiffaire, eft contraire à un autre acte du même jour entre les mêmes parties, & pardevant le même de la Marque.

LES HUIT autres objections faites contre la validité font:

1º. Que l'acte ne commence point par l'invocation du Nom de Dieu.

2º. Qu'il est intitulé du Prevôt de l'Hôtel, qui ne l'a point signé, & qui n'étoit point present.

3º. Qu'il n'est point signé des parties ni des témoins.

4º. Qu'il est seulement signé de la Marque, sans nom propre ; que pour être valable, il faloit qu'il fût signé Jean de la Marque.

5º. Que ce n'est point la minute.

6º. Que c'est une piece trouvée entre les mains de la Dame Comtesse de Fiesque.

7º. Que Leon Strozzi n'a point accepté la donation à lui faite, ni ses sœurs les substitutions pour elles & pour leurs enfans.

8º. Qu'il n'y a point d'insinuation.

Si les parties procedoient en France, on ne recevroit aucun moyen contre la verité, qu'il n'y eût une inscription en faux contre l'acte.

Par une Ordonnance du Roy François I. du mois d'Octobre 1535. il est dit, *qu'aucun ne sera reçu à maintenir fausses les pieces contre lui produites sans s'inscrire en faux contre icelles.* Ce qui est confirmé par une autre Ordonnance du Roy Henry III. de 1585. & par les articles 9. 10. 11. 13. 14. 15. & 16. du titre 9. de l'Ordonnance Criminelle du mois d'Août 1670. registrée au Parlement de Paris le 26. du même mois & an. Et pour prononcer qu'une piece est fausse, il faut que l'inscription en faux ait été faite au Greffe en personne, ou par un Procureur specialement fondé : que les moyens de faux ayent été fournis : qu'ils ayent été declarés pertinens & admissibles : qu'il en ait été informé : qu'il y ait eu decret d'ajournement personnel ou de prise de corps contre celui qui se sert de la piece, & contre les Notaires qui l'ont reçue, si les Notaires sont encore vivans : que la partie ait été interrogée : que les témoins ayent été recollés en leurs dépositions, & confrontés aux accusés : & qu'il y ait une entiere conviction de la fausseté ; étant une maxime, qu'il faut estimer l'acte veritable, & y ajoûter foi jusques à ce qu'il ait été declaré faux par toutes les formalités ci-dessus.

Ce que dessus n'est pas seulement du Droit François, mais du Droit Civil en la Novelle 80. chap. 7. du Droit Canon, au chap. *Cùm dilectus, extrà de fide instrumentorum*, & de l'opinion des Docteurs ; surquoi l'on peut voir le Conseil 403. de Balde, ce qui n'est pas seulement quant à la peine des faussaires, mais aussi pour rejetter l'acte suspect de faux, sans quoi on doit le considerer comme veritable.

Outre cette observation generale, qui doit faire rejetter tous les soupçons contre un acte, s'il n'y a inscription en faux, il se trouvera dans la discussion particuliere de chacun moyen, qu'il n'y a rien de si foible que ce dont l'on a voulu attaquer la verité de cet acte du 22. Fevrier 1560.

On dit en premier lieu, qu'il n'y a point de preuve que Jean de la Marque qui l'a reçu, ait été Notaire. Ce seroit assez de representer l'acte où ledit de la Marque est qualifié Notaire suivant la Cour ; cela est attesté par le Prevôt de l'Hôtel, dont l'acte est intitulé, & par le Scel du Roy, qui sont des preuves authentiques.

Outre ces deux preuves qui sont dans l'acte même, il y a preuves par témoins & par écrit ; par témoins aux informations faites en la Prevôté de l'Hôtel le 7. Mars 1631. & au Châtelet de Paris ; & en l'enquête faite pardevant le Lieutenant en la Justice de Marseilles, le 4. Septembre 1633.

A la formalité de l'acte qui est autorisé par l'intitulation du Prevôt de l'Hôtel & par le Scel du Roy, & aux preuves par témoins, il y a cinq sortes de preuves par écrit.

La premiere est par des Provisions de la Charge de Notaire, du 14. Avril 1548. au profit d'Arnault de la Fargue, sur la resignation de Maître Jean Agasse, lequel de la Fargue resigna le même Office de Notaire à Maître Jean de la Marque, pour quoy il y a quittance de cent dix écus, en datte du 11. Août 1560. C'est ce Jean de la Marque, qui en qualité de Notaire a reçu le Contrat du 22. Fevrier 1560. étant à remarquer qu'alors le mois d'Août 1560. étoit auparavant le mois de Fevrier de la même année, à cause que les années en France commençoient à Pâque, ce qui sera remarqué plus particulierement cy-après.

La seconde preuve par écrit, est un contract de vente faite le même jour 22. Fevrier

vrier 1560. par Philippe Strozzi à Robert son oncle, pardevant le même Notaire, lequel contrat de vente on nargue ni de faux ni de nullité; c'est un contrat executé dans la famille.

La troisiême preuve par écrit, est que dans les papiers de Leon Strozzi on y a trouvé deux grosses de ces deux Contrats du 22. Fevrier 1560. l'un de vente, & l'autre de fideicommis, l'un & l'autre apostillé de la main de Messire Robert Strozzi en Langue Italienne.

La quatriême preuve par écrit, est que le même Jean de la Marque, en la même qualité de Notaire *suivant la Cour*, a reçu un contrat entre le Roy Charles IX. & le Clergé de France à Poissy, le 14. Octobre 1561. pour une subvention de seize cens mil livres. Quand il n'y auroit que ce seul acte, il seroit suffisant pour établir la qualité de Notaire.

La cinquiême preuve par écrit, est qu'il y a des extraits de contrats reçus par le même Jean de la Marque, en qualité de Notaire *suivant la Cour*.

A quoi l'on peut ajoûter la Sentence du Prevôt de Paris, qui a ordonné que l'acte seroit mis entre les mains d'un Notaire du Châtelet pour en delivrer les expeditions; cela n'auroit pas été ordonné, s'il n'eût aparu que Jean de la Marque avoit été Notaire.

Après toutes ces preuves resultantes du Contrat dont il s'agit, des informations, des enquêtes en diverses Jurisdictions, & de cinq preuves par écrit de la qualité cidessus, il semble bien étrange que l'on revoque en doute que Maître Jean de la Marque ait été Notaire, sous pretexte que des Docteurs ont dit qu'après cent ans l'on présume pour la validité de l'acte.

La présomption pour la validité (quand d'ailleurs il n'y a point de preuve) ne détruit pas les preuves, ni même les présomptions qui établissent la validité; joint que le Contrat dont il s'agit est passé il y a plus de cent dix ans; & quand on diminüeroit le tems depuis lequel on le conteste, il y avoit plus de soixante-quinze ans, non pas avec des soupçons que Maître Jean de la Marque n'eût pas été Notaire, mais avec des présomptions & des preuves qu'il l'étoit véritablement, pourquoi les opinions des Docteurs ne se peuvent appliquer au fait dont il s'agit.

On dit en second lieu qu'il n'est pas constant que ce soit la signature de Jean de la Marque.

La signature d'un Notaire n'a pas besoin de reconnoissance; c'est une personne publique, qui porte avec soi non seulement la reconnoissance, mais de plus l'hypotheque, & même l'execution parée, qui sont les trois differences des écritures sous seing privé, de quoi l'on ne doute point en France, où il y a des maximes generales & certaines que l'on ne conteste point.

Joint que l'on a demandé pardevant le Prevôt de Paris, qu'il fût procedé à la reconnoissance, non pas qu'il en fût besoin, mais afin de lever toutes sortes de scrupules, attendu les objections que l'on faisoit dans Rome contre toutes sortes de choses.

On dit en troisiême lieu, qu'il est porté que Monsieur le Cardinal Strozzi étoit present, & qu'il y a preuve qu'il étoit alors à Rome.

Il faut avoüer que ceux qui ont voulu sauver cela, en disant que Monsieur le Cardinal Strozzi n'étoit point present à l'acte, qu'il n'est point dans le contrat entre les presens, & que s'il eût été present on lui auroit fait pour le moins le même honneur qu'à son Secretaire, & aux autres qui sont nommés en la fin des contrats, n'ont pas pris garde aux termes du contrat, ni à ce qui s'observe pour les presens & pour les témoins, ni à ce qui s'observoit alors en France pour compter les années.

La verité est, que Monsieur le Cardinal Strozzi étoit present lors du contrat, il est mis entre les parties presentes, pour autoriser Philippe Strozzi son neveu mineur, dont il étoit Curateur.

La presence de Barthelemy Barbedor son Secretaire, fait encore présumer la presence dudit Sieur Cardinal; de plus, il est dit en termes exprès dans l'autre contrat du même jour 22. Fevrier 1560. *avec l'autorité d'Illustrissime & Reverendissime Laurent, Cardinal Strozzi Curateur dudit mineur present.* Ce n'étoit pas pour expliquer

B

que le Mineur fût prefent, mais que le Curateur étoit prefent ; il étoit inutile de dire que le Mineur fût prefent, car c'étoit l'une des parties du contrat, & cette prefence ne peut être entendue que du Curateur.

Il y a grande difference d'être partie, ou d'être témoins dans un contrat ; ceux qui font nommés au commencement, font les parties du contrat, & ceux qui font nommés en la fin, ne font que témoins. Monfieur le Cardinal Strozzi n'auroit pas voulu être témoin dans un Contrat, il n'y feroit point dit prefent s'il n'y étoit au nombre des parties ; il y étoit comme partie pour autorifer fon neveu mineur, dont il étoit curateur.

Il n'y a rien d'incompatible ni de contraire entre la preuve que Monfieur le Cardinal Strozzi étoit au Confiftoire à Rome en 1560. & à Fontainebleau en Fevrier 1560. cela peut être facilement éclairci.

C'eft une verité conftante, qu'en mil cinq cens foixante, le mois de Fevrier n'é-toit pas le fecond mois de l'année, comme il eft aujourd'hui ; on comtoit alors en France le commencement de l'année à Pâques ; c'eft pourquoi depuis le 22. Mars jufques au 25. Avril de chacune année, l'on mettoit *avant* ou *apres Pâques*, parce que comme la fête de Pâques doit tomber entre cet intervalle du 22. Mars au 25. Avril, il eut été incertain de quelle année auroient été les dattes de ce tems inter-mediaire, fi l'on n'eût mis *avant ou après Pâques* ; car autrement l'on n'auroit pas fçu fi c'eût été ou la fin de l'année precedente, ou le commencement de l'année fui-vante ; ce qui étoit avant Pâques étoit la fin de l'année, & ce qui étoit après Pâques étoit le commencement d'une nouvelle année ; ainfi pour donner à connoître fi c'étoit la fin ou le commencement de l'année, on mettoit *avant* ou *après Pâques*.

Cette maniere de comter les années en France à commencer à Pâques ne fut changée que par l'art. 29. de l'Ordonnance de Rouffillon faite par le Roy Charles IX. au mois de Janvier 1563. & l'execution ne commença qu'en mil cinq cens foi-xante cinq.

Il faut être peu inftruit en l'ufage de France, pour ne favoir pas cette verité, la-quel eft fuffifamment connuë, non feulement par les François, mais auffi par tous les Etrangers.

Il refulte que le mois de Fevrier 1560. étoit le dix ou onziéme mois de l'année 1560. ce qui étoit l'année 1561. dans Rome : ainfi Mr le Cardinal Strozzi peut avoir été en Janvier & Fevrier 1560. à Rome, & en Janvier & Fevrier 1560. à Fontainebleau, y ayant alors l'intervalle d'une année dans la difference de comter l'année à Rome, & l'année en France.

Pour dire que Mr le Cardinal Strozzi étoit à Rome au mois de Fevrier 1560. il fau-droit raporter des actes de Rome qu'il y étoit en Fevrier 1561.

La prefence d'un Cardinal eft affez confiderable & publique, pour ne le pas met-tre prefent en France s'il eût été dans Rome ; on ne pouvoit pas fupofer à Fontaine-bleau à la fuite de la Cour, que Mr le Cardinal Strozzi eût été prefent, fi fa prefence n'eut été veritable.

Il n'eft pas mal-aifé de trouver des actes ou dans l'Hiftoire ou ailleurs, que Mr le Cardinal Strozzi étoit lors en France, & qu'il étoit à Fontainebleau le 22. Fevrier 1560.

Ce Cardinal avoit été Capitaine en France, il fut Evêque de Beziers, puis Evêque d'Albi, enfin Archevêque d'Aix, & mourut à Avignon en 1571. Il avoit été fait Car-dinal par Paul IV. en 1557. cela fait voir qu'il étoit beaucoup plus en France qu'en Italie.

On dit en quatrième lieu que cet acte d'où l'on veut établir une fubftitution fidei-commiffaire du 22. Fevrier 1560. eft contraire à un autre acte du même jour entre les mêmes parties, & pardevant le même Jean de la Marque.

Il fera remarqué en cet endroit, que l'un des Contrats ne fert point d'adminicule à l'autre, chacun de ces Contrats fubfifte de lui même fans le fecours de l'autre ; cela répond à une infinité de citations faites touchant les adminicules, l'un des Contrats n'a rien de contraire à l'autre.

Celui qui n'eft point combatu, eft une vente faite par Philippe Strozzi à Robert

Strozzi fon oncle paternel, d'une maifon & autres heritages y mentionnés, moyennant la fomme de 30000. liv. payable en trois termes, 10000. liv. chacun terme. Il
eft dit par ce Contrat, qu'avenant que ledit Sieur Robert Strozzi au jour de fon decés ne
laiffe aucun enfant mâle legitime procreé de lui en loyal mariage, à lui furvivant, ou bien
que lefdits enfans mâles decedent fans avoir délaiffé au jour de leur decés aucuns enfans
mâles d'eux procreés en loyal mariage; en ce cas & chacun d'iceux, lefdites maifons & heritages par lui acquis & acceptés de fondit neveu, avec les augmentations, reparations &
ameliorations qui pouroient avoir été faites, & fe trouveroient efdites maifons & heritages, foient & retournent à fondit neveu & à fes enfans legitimes procreés en loyal mariage,
tant mâles que femelles, comme auparavant la prefente vente & nonobftant icelle, fans
que les enfans femelles & autres heritiers dudit Sieur Robert puiffent aucunement empecher
ledit Sieur Philippe en la jouiffance & poffeffion defdites maifons & heritages, ni aucune
chofe demander & prétendre en ladite fomme de trente mille livres, augmentations, reparations & ameliorations, dont en tant que befoin eft ou feroit il fait don audit Sieur Philippe
Strozzi fon neveu de tous les droits, noms, caufes, raifons, actions, pourfuites & hypo-
theques qui en dependent.

Par l'autre Contrat, ledit Sieur Robert Strozzi veut que tous & chacuns fes biens, &
particulierement le lieu de Cazal, de Longueffe, & autres biens y mentionnés, & les autres maifons & vignes qu'il a achetées depuis n'agueres du Sieur Philippe Strozzi, comme
plus à plein apert par le Contrat qui en a été paffé à Fontainebleau pardevant ledit Notaire & Tabellion, immeubles qui lui font échus & avenus, ou qui écheront & avien-
dront par fucceffion, acquefts, &c. foient, viennent & apartiennent au Seigneur Leon
Strozzi fon fils, ou à fes enfans, &c. Et au cas que fondit fils decede fans enfans mâles,
iffus de fon corps en loyal mariage, iceux biens retournent & apartiennent par droit de
reverfion & retour par forme de fideicommis reciproque, audit Sieur Philippe, fon neveu,
& fes hoirs & heritiers mâles, nés & iffus de loyal mariage, & à faute d'enfans mâles,
retourneront lefdits biens aux filles defdits Sieurs Robert & Philippe Strozzi, & à leurs
defcendans.

1º. Quand il y auroit quelque chofe de contraire entre l'un & l'autre Contrat; la
contrarieté dans les claufes ne détruiroit pas la verité de l'un ni de l'autre acte, fauf
à les interpreter.

2º. On pouroit dire que le premier Contrat n'eft que pour les biens particuliers
que Robert avoit achetés de Philippe fon neveu, & que l'autre Contrat portant fideicommis eft pour tous les biens en general.

3º. Le premier Contrat étoit une donation faite par Robert, s'il decedoit fans enfans mâles, ou fes enfans mâles fans mâles, à Philippe fon neveu, & à fes enfans tant
mâles que femelles : & l'autre Contrat portant fideicommis, eft une ftipulation de
Robert oncle, & de Philippe neveu, fi l'un & l'autre decedoit fans enfans mâles, les
biens retourneroient aux filles de l'un & de l'autre, & à leurs defcendans, ce qui n'eft
pas tant une chofe contraire au Contrat précedent, qu'une plus ample interpretation
de ce qui n'avoit point été fuffifamment expliqué par ledit Contrat précedent.

4º. Robert Strozzi étant decedé environ l'an 1566. a laiffé Leon Strozzi fon fils,
avant la mort duquel Philippe Strozzi neveu de Robert, & coufin de Leon, eft decedé ; ledit Philippe étant mort en 1582. & Leon feulement en 1632. de forte que ce
cas du premier Contrat n'étant pas arrivé, c'eft inutilement qu'on l'objecte pour em-
pêcher l'execution du fecond au profit des nieces de Leon & de leurs defcendans,
qu'il n'y a pas d'aparence d'attaquer la verité du Contrat du 22. Fevrier 1560. portant le fideicommis qui donne lieu à la conteftation.

LES HUIT autres objections font contre la validité du même Contrat.

En premier lieu, il eft fort nouveau que l'on combate un acte de nullité paffé en
France, parce qu'il ne commence point par l'invocation du Nom de Dieu. Si cela
eft une nullité, il n'y a aucun acte d'autorité feculiere en France qui foit valable, foit
qu'il foit paffé pardevant Notaires, ou qu'il ait été prononcé par le Juge, parce qu'il
n'y a aucun acte de Jurifdiction feculiere, foit acte volontaire ou de Juftice, qui commence par l'invocation du Nom de Dieu.

En second lieu on dit que l'acte n'est point valable, parce qu'il est intitulé du Prevôt de l'Hôtel, qui ne l'a point signé, & qui n'étoit point present. Sur cette objection l'on prend sujet de faire quantité de raisonnemens & d'inductions pour faire voir que cet acte n'est ni veritable ni valable.

La premiere observation est, que Messire Jean-Batiste Strozzi ni son Conseil ne combat point le Contrat d'achat fait le même jour par Robert Strozzi, de Philippe son neveu; & néanmoins ce Contrat est aussi intitulé du Prevôt de l'Hôtel; & aux mêmes termes que le Contrat portant fideicommis.

La seconde observation dépend d'un usage constant en France pour tous les Contrats, & même pour les Sentences & pour les Arrêts qui sont en forme.

Les Contrats sont ou en minute, ou en simple expedition en papier, ou en grosse en parchemin.

Ceux qui ne sont qu'en minute ou en simple expedition en papier, commencent par ces termes, ou *Furent presens*, ou *Pardevant les Notaires*, & non pas par ces termes, *A tous ceux*, &c.

Il n'y a que les Contrats levés en forme, & qui sont en parchemin, qui commencent par ces termes, *A tous ceux*, &c. lesquels Contrats sont intitulés du Bailli ou Senéchal, du Prevôt ou du Viguier du lieu où ils sont passés.

Les Contrats qui sont faits à la suite de la Cour, quand ils sont mis en grosse, s'intitulent du Prevôt de l'Hôtel; les Contrats passés pardevant les Notaires du Châtelet de Paris s'intitulent du Prevôt de Paris.

Ainsi les autres Contrats levés en grosse s'intitulent du Bailli ou du Senéchal, du Prevôt ou du Viguier du lieu où ils sont passés, sans néanmoins que le Bailli, ni le Senéchal, ni le Prevôt ou le Viguier y soient presens, ni qu'ils le signent; & comme l'on parle sous le nom du Bailli, Senéchal, Prevôt ou Viguier dont l'acte est intitulé, l'on met qu'à la relation du Notaire il a fait aposer le scel. La même chose s'observe aux Sentences & aux Arrêts qui sont levés en forme; & si c'est une Cour de Parlement, Cour des Aides ou autres, l'Arrêt est intitulé du Roi; & néanmoins il est vrai que le Roi n'y a point été present, & qu'il ne l'a point signé.

Il n'y a personne qui ne sache que cette formalité est par toute la France; lorsqu'un Contrat est mis en parchemin, & qu'une Sentence ou Arrêt est en forme, il n'y a point de Jurisconsulte François, ni le moindre Praticien du Royaume, qui voulût faire une objection de cette qualité.

Si les raisonnemens de Messire Jean-Batiste Strozzi ou de son Conseil avoient lieu, il n'y a pas un acte grossoyé, ni pas une Sentence, ni pas un Arrêt en France qui fussent valables.

On dit en troisième lieu que l'acte n'est point signé des parties ni des témoins.

Il est à observer qu'avant l'Ordonnance d'Orleans faite par le Roy Charles IX. en 1560. les parties ni les témoins ne signoient point les actes.

Cette verité est justifiée par l'art. 84. de l'Ordonnance d'Orleans; qui porte ces termes. *Seront tenus les Notaires faire signer aux parties & témoins instrumentaires, s'ils sçavent signer, tous actes & contrats qu'ils recevront, dont ils feront expresse mention, à peine de nullité desdits contrats & actes, & d'amande arbitraire; & expedieront aux parties ce requerant, lesdits contrats ou actes en bref, & par eux soussignés, sans que lesdites parties soient tenues les lever en forme si bon ne leur semble, & en cas que les parties ou témoins ne sçauront signer, les Notaires & Tabellions feront mention de la requisition par eux faite aux parties & témoins de signer, & de leur réponse, qu'ils ne sçavent signer.*

Les termes de cet article font voir que c'étoit une Loi nouvelle, que cela ne se pratiquoit point avant cette Ordonnance, & confirme les differences ci-dessus d'un acte *en minute*, ou d'un acte *en forme* ou autrement, *grossoyé* ou *en parchemin*.

Il est vrai que l'Ordonnance d'Orleans est du mois de Janvier 1560. que l'acte dont il s'agit n'est que du 22. Fevrier ensuivant, ainsi il semble que l'acte étant posterieur, le Notaire devoit faire signer les parties & les témoins, suivant l'Ordonnance.

Mais la réponse est, que les Ordonnances en France n'ont point leur execution, sinon du jour qu'elles ont été verifiées & regîstrées dans le Parlement.

L'Ordonnance

L'Ordonnance d'Orleans qui étoit du mois de Janvier 1560. ne fut verifiée au Parlement de Paris que le 13. Septembre 1561. qui étoit huit mois après; ainsi posterieurement au Contrat dont il s'agit, qui est du 22. Février 1560. l'année commençoit encore alors au jour de Pâques, & non pas au premier Janvier, comme on la commence aujourd'hui.

La premiere proposition, que les Ordonnances ne s'executent point en France, sinon après qu'elles sont verifiées ou regiſtrées dans le Parlement, est une chose publique. Il en est fait mention par les articles 1. & 2. de l'Ordonnance de Moulins en 1566. par les articles 207. & 208. de l'Ordonnance de Blois en 1579. par l'art. 53. de l'Ordonnance du 1629. & par le 5. article du titre 1. de la nouvelle Ordonnance du mois d'Avril 1667. ce qui est un usage plus ancien que toutes Ordonnances.

Et parce que souvent les Parlemens differoient les Verifications ou Regiſtremens des Ordonnances, il est dit par le 5. art. *Qu'à l'égard des Ordonnances, Edits, Declarations & Lettres Patentes que le Roy poura envoyer en ses Cours pour y être regiſtrées, les Cours seront tenues de luy representer ce qu'elles jugeront à propos dans la huitaine après la deliberation pour les Compagnies qui se trouveront dans le lieu de son sejour, & dans six semaines pour les autres qui en seront plus eloignées, après lequel tems elles seront tenues pour publiées, & en consequence seront gardées, observées & envoyées par ses Procureurs Generaux aux Bailliages, Senechauſſées, Elections, & autres Sieges de leur reſſort, pour y eſtre pareillement gardées & observées.*

Le contenu en cet article confirme manifeſtement la proposition ci-deſſus, que les Ordonnances n'ont leur execution en France qu'après qu'elles ont été verifiées ou regiſtrées dans les Parlemens, & qu'auparavant cette Ordonnance du mois d'Avril 1667. faite dans le plein pouvoir & entiere autorité du Roy, les Ordonnances n'étoient pas verifiées & regiſtrées incontinent après qu'elles avoient été envoyées; & néanmoins il a été mis en fait de la part de Meſſire Jean-Batiſte Strozzi, que les Ordonnances étoient verifiées & executées dès lors qu'elles étoient envoyées par le Roy. C'est savoir peu l'usage de France; il y a beaucoup d'Ordonnances qui ne s'executent pas, d'autant qu'elles n'ont point été regiſtrées.

Quant à la queſtion de fait, l'Ordonnance d'Orleans n'a été verifiée & regiſtrée au Parlement de Paris que le 13. Septembre 1561. & conſequemment l'article 84. n'étoit point executé lors du Contrat du 22. Février 1560.

Ce Contrat étant lors valable en France où il a été paſſé, doit être valable en tous lieux & en tout tems. La validité d'un acte ne se considere que du jour qu'il est fait; les Lois qui surviennent, ne portent leur autorité que sur les choses à venir, à comter du jour qu'elles sont executées, & non pas sur ce qui étoit avant leur execution.

Ce Contrat du même jour 22. Février 1560. est valable, la verité des choses y contenues a été executée; néanmoins il n'est point signé des parties ni des témoins, non plus que celui qui porte la ſubſtitution fideicommiſſaire.

On dit en quatriéme lieu, que ce Contrat est ſeulement ſigné *de la Marque*, ſans nom propre: que pour être valable, il faloit qu'il fût ſigné *Jean de la Marque.*

Il n'y a rien de ſi public, que chacun ſigne ainſi qu'il lui plait. Les uns mettent leur nom propre & leur ſurnom avec un paraphe; les autres ne mettent que le ſurnom & un paraphe; & d'autres ne mettent que leur ſurnom ſans nom propre & ſans paraphe: & toutes ces manieres de ſigner ſont valables. Il n'y a peut-être jamais eu une objection de cette qualité pour combatre un contrat; & il n'y a preſque point de Notaire, ni de Tabellion, ni de Greffier en France, qui en ſignant un acte public mette ſon nom propre. Ainſi tous les actes publics ſeroient nuls, ſi l'objection propoſée de la part de Meſſire Jean-Batiſte Strozzi étoit recevable.

On dit en cinquiéme lieu, que le Contrat repreſenté n'eſt point la minute, ce ſont deux groſſes de deux contrats du 22. Février 1560. ces groſſes ſignées par de la Marque Notaire qui a reçu les contrats, & qui en avoit les minutes.

Ces pieces ont pu être levées par ceux qui pouvoient y avoir intereſt, quoique le droit n'en fût pas encore ouvert. On peut lever des pieces pour avoir connoiſſance

C

de ses droits, ou pour soi, ou pour ses ayans cause.

Les plus prudens assurent leurs droits pour l'avenir, & particulierement quand les minutes peuvent déperir. Il peut arriver faute de celles d'un Notaire qui suit la Cour, par une infinité d'accidens; ces Notaires n'ont point de démeures certaines, ni de dépôt constant de leurs minutes; ils sont par tout où est la Cour; leurs papiers peuvent déperir par les transports, par les frequens changemens, par la prise, par le pillage, par le feu, & autrement.

Ce n'est pas que ces Notaires ne soient personnes publiques, & ne soient capables de recevoir toutes sortes d'actes, & qu'ils n'en reçoivent de tres-grande importance, comme il paroît par ceux que Jean de la Marque a reçus; mais ceux qui y sont interessés, sont plus diligens d'en lever des expeditions, que si des Notaires du Châtelet avoient reçu les contrats.

Robert Strozzi en avoit levé deux grosses pour lui; Dame Anne le Veneur veuve de Messire François Comte de Fiesque, étant Tutrice & ayant la garde-noble de ses enfans, en avoit deux autres grosses, qui vrai semblablement avoient été levées dés le tems d'Alphonsine Strozzi, qui étoit l'ayeule desdits enfans.

C'est un usage assez établi en France, que des expeditions signées par les Notaires qui ont reçu les contrats, peuvent être déposées pour minutes, & valent minutes.

Il y a moins de lieu de douter qu'on doit ajoûter foi aux deux grosses dont il s'agit, que les minutes ne seroient pas plus solennelles ni avec plus de foi, quand elles seroient representées, vu que les minutes non plus que les grosses ne sont point signées des parties ni des témoins, mais seulement dudit de la Marque Notaire, qui a signé sur les grosses aussi-bien que sur les minutes.

On dit en sixiême lieu, que c'est une piece trouvée entre les mains de la Dame Comtesse de Fiesque, & que pour faire passer cette piece entre les mains d'un Notaire au Châtelet de Paris, elle a seulement fait apeller les Sieur & Dame de Rambouillet & les Sieurs Frangipani; qu'ils étoient d'intelligence & d'un même interêt; & qu'elle n'a point fait apeller le Sieur Leon Strozzi, qui lors étoit vivant, & qui étoit le principal interessé.

Les réponses sont, que ce qui a été fait au Châtelet a été tres-legitime. La Dame Comtesse de Fiesque pouvoit mettre directement les grosses entre les mains d'un Notaire du Châtelet, elle en a usé avec plus de circonspection, l'ayant fait ordonner avec les parties interessées.

Il n'étoit pas besoin d'apeller le Sieur Leon Strozzi, il étoit à Rome, il n'y avoit rien à lui demander ni à contester avec lui pendant sa vie.

On dit en septiême lieu, que Leon Strozzi n'a point accepté la donation à lui faite, ni ses sœurs les substitutions pour elles & pour leurs enfans.

La premiere réponse est, que l'acte du 22. Fevrier 1560. contient deux especes de donations, l'une faite par Robert, & l'autre faite par Philippe: celle faite par Philippe a été acceptée par Robert, tant pour lui que pour ses enfans; & celle faite par Robert a été acceptée par Philippe aussi, tant pour lui que pour ses enfans.

La seconde réponse est, que l'acte du 22. Fevrier n'est pas tant une donation qu'une déclaration de volonté, que les biens de Robert apartiennent à Leon son fils, ce qui n'a pas besoin d'acceptation.

La troisiême, qu'il est ajoûté par Robert & par Philippe, ou à ses enfans mâles. Il n'y a pas plus de raison demander l'acceptation de Leon, que celle de ses enfans mâles, & celle des enfans de Philippe.

La quatriême réponse est, qu'encore qu'il soit fait mention que d'iceux il est fait don entre vifs, il est ajoûté de part & d'autre, par testament ou autrement en quelque sorte & maniere que faire se peut, ce qui rendroit l'acte valable sans acceptation.

La cinquiême, qu'il s'agit d'un fideicommis au profit des enfans & descendans qui n'étoient pas encore nés; c'est pourquoi il étoit inutile de faire accepter l'acte par Leon fils de Robert, & absolument impossible de le faire accepter par les enfans de Philippe, puisqu'il n'en avoit pas, ni par les autres apellés au fideicommis.

La sixiême réponse est, que s'il y avoit necessité de faire accepter celui que l'on charge de fideicommis, il y a beaucoup d'occafions aufquelles on ne pourroit pas faire de fubftitution fideicommiffaire, par la refiftance des enfans & autres heritiers préfomptifs, qui ne voudroient pas être grevés de reftitution, tellement que ce feroit ôter la liberté des fideicommis.

On dit en huitiême lieu, qu'il n'y a point d'infinuation.

Il y a deux réponfes, l'une eft que le defaut d'infinuation n'eft pas objecté de la part d'un creancier qui auroit prêté fes deniers, ni par un acquereur qui auroit fait des acquifitions, après que l'un & l'autre auroient fait perquifition dans les Regiftres des Infinuations, & qu'ils n'y auroient trouvé ni donation entre vifs, ni fideicommis qui pût les évincer.

Meffire Jean-Batifte Strozzi qui allegue le defaut d'infinuation, n'a d'autre qualité que d'heritier inftitué de Leon Strozzi.

Il y a trois Ordonnances en France, qui requierent l'infinuation des donations entre vifs, & une feule qui requiert la publication des fubftitutions.

La premiere eft l'art. 132. de l'Ordonnance de François I. donnée à Villers-Coterêt au mois d'Aout 1539. La feconde eft la Declaration du Roy Henry II. donnée à Fontainebleau au mois de Fevrier 1549. La troifiême eft l'art. 58. de l'Ordonnane de Moulins du mois de Fevrier 1566.

La feule Ordonnance qui parle de publication, eft l'art. 57. de la même Ordonnance de Moulins.

L'Ordonnance de Moulins, qui eft de 1566. ne fert de rien pour les contrats de 1560. d'autant qu'il faut confiderer les actes eu égard aux tems qu'ils ont été faits. Les Loix pofterieures ne peuvent pas avoir d'effet retroactif, & particulierement à l'égard des contrats entre vifs, qui font parfaits dès lors qu'ils font paffés.

Lors du Contrat du 22. Fevrier 1560. il n'y avoit que l'art. 132. de l'Ordonnance de 1539. & la Declaration de 1549.

Par l'une ni par l'autre de ces deux Ordonnances l'infinuation n'étoit requife qu'à l'égard des creanciers & des acquereurs, & non pas à l'égard des heritiers.

La raifon étoit, que les heritiers font tenus des faits & promeffes de ceux dont ils font heritiers : que comme les donateurs ne peuvent arguer de nullité les donations par eux faites fous pretexte de defaut d'infinuation, parce qu'ils favent ce qu'ils ont donné, fans qu'il foit befoin de rendre publiques à leur égard les donations par eux faites ; auffi les heritiers foit ab inteftat foit teftamentaires n'ont pas plus de droit que ceux aufquels ils fuccedent.

Il n'y a eu que l'Ordonnance de Moulins, qui a declaré les donations nulles à l'égard des heritiers, auffi-bien qu'à l'égard des creanciers & des acquereurs, fi elles n'avoient point été infinuées. Il eft inutile d'en penetrer la raifon, il fuffit de dire que cette Ordonnance eft feulement de 1566. & qu'il s'agit ici de l'execution d'un contrat de 1560.

Il ne faut que lire les Ordonnances de 1539. 1549. & 1566. pour connoître toutes ces verités ; & quand il y refteroit quelque doute, il eft affez éclairci par les fentimens de tous ceux qui ont parlé des Ordonnances des Infinuations.

De plus, le Roy a donné fes Lettres Patentes le 7. Mai 1634. pour la confirmation de ce que deffus, lefquelles Lettres font en la forme ordinaire fur les expofés des parties. On ne donne point de ces Lettres du pur mouvement du Roy, elles ont été regiftrées au Parlement de Paris le 17. du même mois de Mai. L'Arrêt de regiftrement fur les Lettres n'eft pas feulement un acte de notorieté, mais une efpece de de Loi, ou une interpretation de la Loi, que l'Ordonnance de 1566. a été la premiere qui a requis l'infinuation à l'égard des heritiers, les Ordonnances précedantes ne l'ayant introduit que pour les creanciers & les acquereurs, l'Ordonnance de Moulins n'étant furvenue que fix années après le Contrat du 22. Fevrier 1560.

Les heritiers ne peuvent donc pas objecter le defaut d'infinuation, fous pretexte de l'Ordonnance de Moulins.

Meffire Jean-Batifte Strozzi eft encore moins favorable qu'un heritier legitime, il ne pourroit pas objecter ce defaut à Madame la Marquife de Rambouillet, ni aux Sieurs

Comtes de Fiefque, qui d'une part font heritiers legitimes du Sieur Leon Strozzi, & d'autre part heritiers fubftitués par un contrat de Robert Strozzi pere avec Philippe Strozzi fon neveu.

L'autre réponfe eft, qu'il s'agit ici de biens fitués à Rome, à l'égard defquels il ne faudroit pas d'infinuation. Quand l'infinuation auroit été neceffaire pour des biens fitués en France, il eft de l'interêt de Sa Sainteté qu'on n'allegue pas à Rome un defaut d'infinuation pour les biens qui y font fitués, fous pretexte que l'infinuation feroit requife par les Ordonnances de France.

Ainfi l'infinuation n'étoit pas requife en France lorfque le Contrat a été paffé; & elle ne devroit être alleguée dans Rome, quand elle feroit neceffaire en France.

Le SECOND CHEF regarde la procedure.

Celle faite pardevant le Prevôt de Paris, avant la mort de Leon Strozzi a été valable en France, pour mettre la groffe entre les mains d'un Notaire du Châtelet de Paris; cette procedure ne doit pas être foumife au Jugement de la Rote à Rome, mais on doit la confiderer comme elle le feroit en France.

Ce qui a été fait depuis la mort du Sieur Leon Strozzi doit être foumis au Jugement de la Rote.

Incontinent aprês la mort dudit Sieur Strozzi, les Sieurs de Frangipani, en vertu d'un Mandat de l'Auditeur de la Chambre, ayant juftifié qu'ils étoient fils de Julie Strozzi fœur du defunt, fe mirent en poffeffion des biens, comme étant heritiers ab inteftat

Meffire Jean Batifte Strozzi parut comme heritier teftamentaire inftitué par ledit Sieur Leon Strozzi, dont il n'étoit point heritier ab inteftat, quoiqu'il fût de même nom; il fit emprifonner celui que les Sieurs de Frangipani avoient employé pour poffeder les biens; il dit que la fucceffion teftamentaire faifoit ceffer la fucceffion ab inteftat, cela n'eft point contefté dans la regle, les Sieurs de Frangipani foutinrent alors qu'ils étoient heritiers fideicommiffaires.

Le Teftament du Sieur Leon Strozzi, ni le fideicommis n'étoient point reprefentés; Meffire Jean Batifte Strozzi demande un delai pour reprefenter le Teftament. Les Sieurs de Frangipani en demandent un pour reprefenter le fideicommis; Meffire Jean Batifte Strozzi obtient un delai pour reprefenter le Teftament, & les Sieurs de Frangipani font deboutés du delai qu'ils avoient requis pour reprefenter le fideicommis. Il paroit en cet endroit & ailleurs, que les Sieurs de Frangipani étoient peu confiderés dans Rome.

Les parties font apointées à ouïr droit.

Deux jours aprês cet apointement, les Sieur de Frangipani reprefenterent le fideicommis; on leur objecte qu'ils étoient venus aprês l'apointement, quoiqu'il y eût encore du delai pour juger.

Sans avoir égard à leur production, Sentence par laquelle Meffire Jean Batifte Strozzi eft mis en poffeffion des biens, avec defenfes aux Sieurs de Frangipani & tous autres de l'y troubler; ils font condamnés aux dommages & interêts, à reftituer les fruits, & aux dépens.

Il n'eft point fait mention dans la Sentence de celui qui avoit été emprifonné, néanmoins il eft mis hors des prifons fans aucune formalité de Juftice, ce qui fait affez préfumer que l'emprifonnement n'avoit pas dû être fait.

Au lieu d'interjetter apel de la Sentence, les Sieurs de Frangipani, qui ne vouloient que differer, parce que le tems ne leur étoit pas favorable, crurent qu'il étoit plus à propos d'apeller feulement du refus du delay, pour juftifier le fideicommis, & de ce que l'on n'avoit pas reçû la production prefentée deux jours aprês l'apointement à ouïr droit. On leur dit, que ce ne feroit qu'un apel incident, qui tiendroit l'affaire en état fans juger le fonds, auquel cela ne feroit point de préjudice, & qu'en caufe d'apel on intimeroit le Juge en fon propre & privé nom, pour lui lier les mains; qu'il y avoit lieu de l'intimer en fon nom, parce qu'il avoit mal jugé, & qu'il devoit ordonner qu'avant toutes chofes, les poffeffeurs devoient être réintegrés.

Il fera marqué en cet endroit que ce n'eft pas en ce cas que l'on peut intimer des

Juges

Juges en leurs noms; ce n'eſt pas auſſi dans l'eſpece qu'on peut dire que celui qui eſt
ſpolié doit avant toutes choſes être reſtitué, & qu'il n'y avoit point à faire ici de diſ-
tinction pour aquerir ou pour retenir la poſſeſſion, il s'agiſſoit des biens d'un deſunt;
la joüiſſance que les Sieurs de Frangipani avoient pris en qualité d'heritiers ab inteſtat,
n'étoit pas une poſſeſſion de la qualité que la Loi demande, pour reſtituer toutes
choſes les poſſeſſeurs qui ſont évincés; il étoit plus queſtion du droit que de la poſſeſſion; l'apel ſeroit aſſez foible s'il n'avoit que ce fondement, que le Juge eût été inti-
mé en ſon nom, & que les Sieurs de Frangipani s'étant mis en poſſeſſion y devoient
être maintenus.

Il paroit aſſez par les memoires, qu'il étoit alors expedient de differer le Jugement
du fond, & que c'étoit une prudence de le faire ainſi.

Madame la Marquiſe de Ramboüillet & le Sieur Comte de Fieſque furent obligés
d'intervenir à Rome.

On trouvoit des ſuretés dans les biens de Leon Strozzi, pour répondre de la reſti-
tution des biens en queſtion, & de tous les fruits, voila pourquoi il n'y avoit pas tant
de peril en la demeure.

Il ſe voit par pluſieurs memoires, que le Conſeil de Paris étoit de different ſenti-
ment de celui de Rome. Il ſemble à propos que le Conſeil de Paris ſuive entiere-
ment les ſentimens du Conſeil de Rome, pour ce qui eſt de la procedure, & de la
maniere de traiter & juger les queſtions dans Rome, parce que tout cela dépend de
la Juriſdiction où l'on plaide; mais auſſi il ſemble que le Conſeil de Rome doit un
peu adherer au Conſeil de Paris, pour ce qui eſt de la formalité des actes paſſés en
France, & pour tout ce qui concerne les lois & l'uſage de France. Il a été ci devant
parlé des Lettres de compulſoire obtenuës à Rome, executées pardevant le Prevôt
de Paris.

Il y a dans les pieces un Imprimé qui eſt une déciſion de la Rote, du Vendredi
17. Fevrier 1645. où pluſieurs propoſitions ſont faites avec quantité de citations, pour
montrer que ce qui avoit été fait par le Lieutenant Civil du Châtelet de Paris étoit
nul & par attentat.

Dans les mêmes pieces eſt un memoire ſervant de réponſe, & qui eſt auſſi rempli
de beaucoup d'autorités.

On a un tres-grand reſpect pour le ſtile de la Rote, & pour tout ce qui ſe fait à
Rome; mais on peut dire que ce ſtile eſt bien different de celui de la France, &
particulierement du Parlement de Paris, dans le Reſſort duquel a été fait l'acte du 22.
Fevrier 1560. dont il s'agit, & la procedure du Lieutenant Civil du Châtelet.

Le Parlement de Paris ſeroit Juge de la qualité de l'acte, & de la procedure du
Châtelet, ſi l'inſtance n'en étoit point pendante à Rome. Si le Parlement de Paris en
étoit juge, on n'y feroit point les propoſitions contenuës en cet Imprimé ou déciſion
du 17. Fevrier 1645. on ne s'arrêteroit point aux citations qui y ſont raportées, non
plus qu'à celles qui ſont employées pour réponſes.

Les Regles du Parlement de Paris ne ſont pas moins certaines, encore qu'il ait
pour objet le fond de la Juſtice; on y peſe les raiſons, on n'y comte pas les Docteurs,
on n'y conſidere les formalités que pour ſoutenir ce qui eſt juſte; & il eſt rare qu'une
bonne cauſe y ſoit perduë par des ſubtilités, & ſous pretexte d'un plus grand nombre
d'opinions; ſouvent l'avis d'un ſeul Auteur y fait plus de poids, à cauſe de ſa capacité, de la force de ſes raiſonnemens, & de la ſolidité de ſon jugement, que ne feroient pluſieurs autres, ou d'une moindre ſuffiſance, ou d'une mediocre aplication,
ou d'un foible diſcernement; & comme auſſi on y juge plutôt les procès que des
queſtions, les circonſtances particulieres y décident bien davantage que des propoſitions
generales.

C'eſt ainſi que les parties ſeroient jugées ſur l'acte du 22. Fevrier 1560. de la verité
& validité duquel on ne douteroit pas, étant une groſſe ſignée du Notaire qui en a
reçu la minute, & une groſſe dépoſée pour minute entre les mains d'un Notaire du
Châtelet, qui en a delivré des expeditions.

Il ne faudroit pas plus au Parlement de Paris pour juger l'acte veritable & valable ans qu'il fût befoin de proceder à aucune reconnoiffance, ni de la fignature de Jean de la Marque, ni de celles des Notaires du Châtelet, attendu que le premier étoit un Notaire à la fuite de la Cour, & que les uns & les autres ont des fonctions publiques. Si un acte de cette qualité avoit été envoyé ailleurs qu'à Rome, en quelqu'autre païs que ce pût être, on fe feroit contenté de le faire legalifer, c'eft à dire de le faire attefter par les Juges ordinaires, ce qui fait foi dans les païs étrangers, tout ainfi que l'on reçoit en France les legalifations des Juges ordinaires ou des Magiftrats municipaux des païs étrangers.

Comme l'acte étoit pour envoyer à Rome, on a penfé prendre plus de précautions par des Certificats qui auroient plus de raport à la Rote ; on en a pris de deux Archidiacres, de deux Notaires Apoftoliques, & de trois Banquiers Expeditionaires en Cour de Rome, & on a joint à tout cela une Sentence du Prevôt de l'Hôtel, deux Sentences du Châtelet, des Lettres Patentes du Roy, & des Arrêts du Parlement de Paris. Il y a encore des Informations, une Enquête & des reconnoiffances. Outre toutes ces chofes on a trouvé dans Rome entre les papiers du Sieur Leon Strozzi, de pareilles groffes apoftillées de la main de Meffire Robert Strozzi fon pere.

Neanmoins, après toutes ces chofes on combat la verité & la validité de l'acte du 22. Fevrier 1560. qui porte le fideicommis, fans combatre celui du même jour, paffé entre les mêmes parties, & pardevant le même Notaire, qui contient une vente d'heritages par Philippe Strozzi à Robert fon oncle.

Pour détruire le fideicommis, nonobftant que la vente fubfifte, on dit que la vente n'eft qu'une adminicule ; & fur cela eft traité la queftion des adminicules. Ce ne font pas ici des adminicules, ni des conjectures, ni des prefomptions ; ce font deux actes qui fubfiftent par eux mêmes, ce font deux Contrats autentiques, ce font des preuves formelles.

On peut dire que fi l'on n'a point d'égard au fideicommis par les raifons qui font raportées dans les pieces qui ont été vues, il n'y aura jamais d'acte paffé en France qui ne puiffe être rejetté dans Rome, ce qui feroit d'une tres-grande confequence, & pour la France & pour Rome, & plus pour Rome que pour la France ; car il y a plus de procés en France pour des actes paffés à Rome, qu'il n'y en a dans Rome pour des actes paffés en France.

Le furplus de la procedure eft foumis au ftile de la Rote, mais ce qui eft de la verité & de la validité de l'acte, eft plutôt de la Jurifprudence Françoife que du ftile de la Rote, puifqu'il s'agit d'un acte paffé en France, & contre lequel il n'y a point d'infcription en faux.

QUANT au troifiême chef qui concerne le fond, l'acte du 22. Fevrier 1560. juftifie qu'il y a une fubftitution fideicommiffaire, & que le Sieur Leon Strozzi étant décedé fans enfans, les enfans & defcendans tant mâles que femelles de fes fœurs font apellés à la fubftitution.

Quoique de la part de Meffire Jean-Batifte Strozzi l'on n'ait rien épargné pour combatre le droit des defcendans des fœurs de Leon, l'on n'a jamais dénié que le Contrat du 22. Fevrier 1560. ne contienne une fubftitution fideicommiffaire, & que les defcendans des fœurs de Leon n'y foient apellés, on s'eft contenté de combatre la forme du Contrat.

Tant s'en faut que Meffire Jean-Batifte Strozzi ait douté de la claufe de fideicommis, ni que cette claufe ait paffé aux defcendans des fœurs de Leon, au contraire les efforts de combatre la validité de l'acte du 22. Fevrier 1560. induifent comme une preuve manifefte que l'on avoüe le fideicommis, fi le Contrat eft veritable & valable ; car autrement il auroit été inutile de chercher tant de moyens pour rejetter ce Contrat.

Encore que les claufes de fideicommis foient fort claires & fort intelligibles, il ne faut pas laiffer d'examiner les objections qui font ou peuvent être faites.

La premiere, que Robert ni Philippe Strozzi n'ont pû fubftituer les biens particuliers de Leon.

La feconde, que Philippe n'a point acheté la Terre en laquelle il étoit tenu d'employer 26000. l. ou environ, que la Reine lui devoit.

La troifiême, que le Contrat n'a point été execute après la mort de Philippe ; que ce n'a pas été Leon qui en a recüeilli les biens, mais que la fucceffion en a été acceptée par benefice d'inventaire par Alphonfine Strozzi, femme du Sieur Comte de Fiefque.

La quatriême, que les defcendans des filles de Robert ne font pas apellés à la fubftitution.

La cinquiême, que quand les defcendans des filles feroient apellés, Meffire Jean Batifte Strozzi, comme heritier inftitué de Leon auroit droit de détraire la legitime en qualité de fils de Robert, & la quarte trebellianique à caufe du fidéicommis qu'il feroit obligé de reftituer, n'y ayant point de prohibition de la trebellianiqué.

La fixiême, que les defcendans de Clarice Strozzi, qui font à prefent les heritiers de Madame la Marquife de Ramboüillet, & les defcendans d'Alphonfine, qui font les Sieurs Comtes de Fiefque, font incapables de demander des biens en Italie, parce qu'ils font François, les Sieurs de Frangipani defcendans de Julie, qui feuls étoient Italiens, étant morts fans enfans.

La feptiême, que les defcendans de Clarice, Alphonfine & Julie Strozzi ne devoient pas avoir plus de droit que leurs meres, qui par les Statuts de Rome ne pouroient pretendre qu'une legitime fur les biens de Robert leur pere, & rien fur ceux de Léon leur frere.

AUCUNES de ces objections ont été faites, & les autres non, c'eft afin de ne rien obmettre.

Les réponfes à la premiere objection font, que l'on ne pretend pas les biens particuliers de Leon, ni qu'ils faffent partie du fidéicommis ; on ne demande que ceux qui proviennent de Robert & de Philippe Strozzi, defquels biens Leon n'a pas eu droit de difpofer, d'autant que le Contrat du 22. Fevrier 1560. porte *une prohibition d'aliener* : joint que quand il ne la porteroit pas, le fidéicommis qui eft exprès, emporte de droit cette prohibition.

Ainfi la queftion n'eft que fur les biens de Robert & de Philippe Strozzi, que la fucceffion de Leon doit reftituer ; on avoüe qu'il a laiffé des biens libres, auffi-bien que ceux qui font chargés de fidéicommis.

La feconde objection, que Philippe n'a point acheté de Terres, reçoit quatre réponfes.

La premiere, que le fidéicommis n'a point été fait à condition que Philippe feroit l'acquifition d'une Terre de 26000. l. mais il veut que *S'il decede fans enfans mâles iffus de fon corps en loyal mariage, tous & chacuns fes biens, & particulierement la Terre en laquelle il fera tenu employer 26000. l. ou environ, que la Reine lui doit ; la Terre & Seigneurie des Sepmes, avec toutes fes appartenances & dépendances, immeubles échus & advenus, & tous autres qui luy écheront & adviendront par fucceffion ou acquês, en quelque façon que ce foit, & defquels il fe trouvera faifi & veftu au jour de fon trepas, en quelque part, Royaume, Province, Terres & Seigneuries qu'ils fe trouveront fitués & affis, foient, viennent, retournent & apartiennent par droit de reverfion & retour, & par forme de fidéicommis conventionnel & reciproque, donation entre vifs, par teftament ou autrement, en quelque forte que vaaloir le poura, audit Sieur Robert, & foient fils & leurs hoirs & enfans mâles, &c. Et au cas que ledit Sieur Robert & fon fils decedent fans enfans mâles, que lefdits biens retourneront aux femelles fes plus proches heritieres, ab inteftat dudit Sieur Philippe & à leurs defcendans, preferant les filles de chacun d'eux & leurs defcendans*, &c. Il n'y a là aucune condition que Philippe achetera une Terre de 26000. l. ou environ, & qu'autrement le fidéicommis demeurera fans effet.

La feconde réponfe eft, qu'il paroît par l'Inventaire fait après le decès de Philippe Strozzi, que le 6. Novembre 1580. il avoit acquis la Baronnie de la Breffiere du Sieur Marquis de Nefle, moyennant foixante mil écus d'or, qu'il avoit payé comtant, & qu'il avoit acquité les ventes & honneurs de cette acquifition, le dernier Aout 1582. Cette acquifition excedoit de beaucoup celle qu'il devoit faire jufques à la fomme de 26000. livres ou environ.

La troifiême réponfe eft, que quand Philippe auroit promis d'acheter une terre, & qu'il n'en auroit point fait l'acquifition, le defaut d'acquifition ne donneroit pas atteinte au fideicommis, parce que l'acte du 22. Fevrier 1560. étoit parfait entre Robert & Philippe oncle & neveu ; c'étoit un contrat refpectivement obligatoire, fans que l'oncle ni le neveu fe pût départir de la donation ni du fideicommis y contenu, finon du confentement mutuel de l'un & de l'autre. Or étant devenu un contrat neceffaire, Robert & Philippe y étoient également obligés ; encore que Philippe n'eût pas acheté la terre, Robert a bien voulu le fideicommis des biens de Philippe, fans qu'il y ait eu une terre de 26000. l. ou environ, & Philippe fous pretexte du defaut d'execution de fa part n'auroit pas pû revoquer le fideicommis ; il n'auroit pas pû le revoquer quand il auroit acheté la terre, il auroit eu bien moins de droit de le revoquer, ou à caufe de fa mauvaife foi, ou à caufe de fon impuiffance, ou à caufe qu'il n'auroit pas trouvé d'occafion d'acheter une terre de 26000. l. ou environ.

La quatriême réponfe eft, que Philippe eft mort fans enfans : ainfi tous les biens qu'il avoit au jour de fon decès, ont apartenu à Leon en vertu du fideicommis, dans lequel fideicommis la terre de 26000. liv. ou environ, (fi elle a été acquife) ou la fomme qui y auroit été employée (fi elle n'a point été acquife) a fait partie : tellement qu'en quelque cas que ce foit, on ne peut pas objecter que la terre n'a point été acquife, pour en faire une raifon que le fideicommis ne doit pas être executé.

La troifiême objection, que le Contrat n'a point été executé, reçoit auffi plufieurs réponfes. Il eft vrai que par un contrat qui a été vû, il paroît qu'après la mort de Philippe Strozzi, Alphonfine femme du Sieur de Fiefque obtint des Lettres de benefice d'inventaire le 20. Octobre 1582. que les Lettres furent enterinées au Châtelet de Paris par Sentence du 5. Novembre enfuivant, & que le 12. du même mois de Novembre elle fit faire à fa requête l'inventaire des meubles, titres & effets dudit Philippe : il paroît encore qu'elle donna plufieurs quittances des biens qui apartenoient au defunt.

La premiere réponfe eft, qu'il y eut affurément des confiderations pour faire accepter par la Dame de Fiefque la fucceffion de Philippe. Elle eft qualifiée Dame d'Honneur de la Reine Mere du Roy ; c'étoit la Reine Catherine de Medicis, qui avoit alors pleine autorité en France ; les effets de Philippe qui dépendoient en partie de la protection de la Reine, fe confervoient bien mieux fous le nom de la Dame Comteffe de Fiefque, que fous ceux de Savelli & de Frangipani, ni fous celui de Leon Strozzi.

La feconde réponfe eft, que le tout fe faifoit d'intelligence avec ledit Leon Strozzi fon frere ; cela paroît affez par le don que le Roy Henry III. lui fit le 29. Janvier 1583. Philippe Strozzi avoit eu la Seigneurie d'Epernay par engagement ; en ayant été évincé, parce que c'eft un domaine de la Couronne, on lui donna un Brevet de feize cens foixante-fix écus deux tiers, à prendre par chacun an à l'Epargne pour le recompenfer ; c'étoit une rente de 5000. l. qui en ce tems-là étoit un effet confiderable. Par le moyen du don fait par le Roy, Leon crut cet effet non fujet aux dettes des creanciers de Philippe. Il y a preuve par les quittances données à l'Epargne, que Leon a reçu cette rente durant plufieurs années. Il n'auroit jamais obtenu cet avantage, fi Alphonfine Dame de Fiefque fa fœur ne le lui eût procuré ; ce qui fait affez connoître l'intelligence qui étoit entre le frere & la fœur pour mettre la fucceffion beneficiaire fous le nom de la fœur, laquelle auroit bien empêché que cette rente de 5000. liv. ne paffât à Leon Strozzi fon frere, fi le frere & la fœur n'euffent été d'accord.

La troifiême réponfe eft, qu'Alphonfine n'étoit point la plus proche heritiere ab inteftat de Philippe ; Leon l'auroit exclus pour les fiefs fitués en France, & auroit également partagé le refte, fupofé qu'il n'y eût point eu de fideicommis, n'ayant tenu qu'à Leon de fe mettre en poffeffion des biens de Philippe, foit comme heritier ab inteftat, foit en vertu du fideicommis.

La quatriême réponfe eft, que ce n'eft pas une bonne raifon de dire qu'Alphonfine ayant été heritiere, le fideicommis ne doit point être executé. Il a bien été au pouvoir

voir

voir de Leon de negliger ses droits de fideicommis & de succession ab intestat : mais il n'a pas été en son pouvoir de changer ni alterer le fideicommis en quelque partie que ce puisse être, étant un fideicommis contractuel, mutuel & reciproque par un Contrat irrevocable.

La cinquième réponse, est que dans les biens de Leon Strozzi, on a trouvé de la vaisselle d'argent où les Armes de Philippe étoient gravées avec le Colier de l'Ordre du S. Esprit, ce que l'on ne peut pas dire d'une autre personne que de Philippe, parce qu'il n'y a eu que lui de la Maison de Strozzi qui ait été honoré de l'Ordre du S. Esprit : ce qui fait voir que Leon a recüeilli des biens de Philippe, nonobstant qu'Alphonsine ait paru en être la seule heritiere beneficiaire.

La sixième réponse, que ce n'est point l'execution du Contrat du 22. Fevrier 1560. après la mort de Philippe, decedé en 1582. qui fait ou qui détruit le fideicommis qui étoit parfait par la convention entre Robert & Philippe. Leon fils de Robert a pû après le decès de Philippe se mettre en possession des biens, ou en abandonner la possession ; s'il l'a fait, il a executé le fideicommis : & s'il ne l'a point fait, il n'a fait prejudice qu'à luy même ; ce qu'il a fait ou negligé ne peut nuire aux descendans de Clarice, Julie & Alphonsine, qui étant apellés au fideicommis par le Contrat du 22. Fevrier 1560. en demandent l'execution.

Tous les biens que Robert avoit lors de ce Contrat, & tous ceux qu'il a laissés au jour de son decès, sont compris dans ce fideicommis : tous les biens de Philippe y sont pareillement compris : il dependra de la discussion des biens de Leon, quels ont été les biens qu'il a recüeillis de Robert, & quels sont ceux qu'il a recüeillis de Philippe, soit que Leon ait entendu recüeillir les biens de Robert ab intestat, soit qu'il n'ait pas voulu recüeillir ceux de Philippe. Voila pourtant une rente de 5000. l. par chacun an, dont Leon a profité des biens de Philippe, & dont la succession ne peut éviter de de rendre comte, sauf à examiner les autres biens.

La septième réponse est, que les Contrats du 22. Fevrier 1560. ne sont point demeurés sans execution. Robert a joüi des biens son Philippe son neveu lui a vendus par l'un de ces Contrats, il avoit les grosses de tous les Contrats, comme des actes qui devoient être executés, ayant timbré de sa main en lettres Italiennes l'une & l'autre de ces deux grosses.

Pour répondre à la quatrième objection, que les descendans des filles de Robert ne sont point apellés à la substitution : il est vrai qu'il semble d'abord que le cas de la substitution n'est pas arrivé, attendu que Robert donne ses biens à Leon son fils, & au cas qu'il decede sans mâles, les biens retourneront à Philippe & à ses hoirs mâles, & à faute de mâles, les filles de Robert & de Philippe & leurs descendans sont apellés à la substitution. Or Philippe n'a pas recüeilli, parce qu'il a predecedé Leon son cousin, en un tems auquel la substitution n'avoit pas de lieu à son profit : & partant l'ordre de la substitution a été interrompu.

Mais nonobstant ce que dessus, les Sieurs Leon & Philippe Strozzi, & leurs descendans sont apellés. Leon s'il decedoit sans enfans mâles, étoit chargé de substitution envers Philippe, & Philippe s'il decedoit sans enfans mâles, étoit chargé de substitution envers ses filles & les filles de Robert. Philippe n'a point eu d'enfans, ni mâles ni femelles, étant mort sans enfans avant Leon, la substitution qui eût passé à Philippe, & de Philippe aux filles de Robert, ou à leurs descendans, a passé directement de Leon à ses sœurs, qui sont les filles de Robert ; & ces filles de Robert, qui sont les sœurs de Leon, étant decedées lors de la mort de Leon, la substitution a passé aux enfans desdites filles, qui sont les descendans de Robert ; ce qui est aux termes du fideicommis par la regle que ceux qui sont substitués aux substitués, sont substitués à l'institué, quand les premiers substitués predecedent.

La cinquième objection pour la détraction de la legitime, & pour la trebellianique, est une chose à discuter après que les fideicommissaires auront été maintenus. L'ordre est de prononcer en les maintenant, sauf les détractions & imputations telles que de droit. C'est une discussion à faire en execution, & dès à present on peut dire que Leon a consommé plus que la legitime qu'il pouvoit prétendre sur les biens de

E

Robert fon pere : que les deux quartes ne font point dûes enfemble par le Droit Civil ; & que fi elles font adjugées conjointement fur l'interpretation du Droit Canon, ce ne peut être en cette rencontre, où il s'agit d'un contrat entre vifs, auquel il n'a pas été befoin de mettre une claufe prohibitive de la trebellianique.

La fixième objection, que les defcendans de Clarice & d'Alphonfine étant François, font incapables de demander des biens en Italie, reçoit trois réponfes.

La premiere, que les Sieurs de Frangipani étoient Romains, & ont furvêcu Leon Strozzi. Ils s'étoient mis en poffeffion des biens en vertu d'un Mandat de l'Auditeur de la Chambre ; ayant contefté, & ayant apellé de la Sentence, ç'a été un droit acquis en leurs perfonnes, fans que par leur décès fans enfans le droit de Meffire Jean-Batifte Strozzi ait été augmenté ; il n'a point été leur heritier.

La feconde réponfe eft, qu'il s'agit de l'execution d'un contrat entre vifs. Les fucceffions ab inteftat, & les fucceffions teftamentaires font bien du Droit Civil, voila pourquoi l'on ne doit y admettre que ceux qui font capables des effets du Droit Civil : mais les Contrats entre vifs étant du Droit des Gens, toutes fortes de perfonnes font habiles à demander l'execution de ces fortes de contrats.

La troifième raifon eft, que c'eft l'execution d'un Contrat paffé en France. Il fuffit que les biens qui font en Italie, ont pu être fubftitués ; ceux qui font expreffément nommés dans le Contrat portant fideicommis, ont été rendus capables de fideicommis ; on n'a point difputé cette capacité aux Sieurs de Frangipani, quoiqu'Italiens ; & les Sieurs de Frangipani, qui étoient capables de recueillir, n'ont jamais difputé le droit à la Dame Marquife de Rambouillet, ni au Sieur Comte de Fiefque, quoique nés François. Meffire Jean-Batifte Strozzi eft bien moins partie capable de faire cette objection.

La feptième objection, que les defcendans de Clarice, Alphonfine & Julie ne doivent pas avoir plus de droit que leurs meres, & que par les Statuts de Rome elles ne pourroient prétendre qu'une legitime fur les biens de Robert Strozzi leur pere, & rien fur ceux de Leon leur frere, n'eft pas difficile à refoudre.

Il ne s'agit pas ici d'une fucceffion ab inteftat, mais d'un fideicommis porté par un Contrat entre vifs, où les filles & leurs defcendans font apellés en cas de decès de leur frere fans enfans ; ce cas eft arrivé. Comme Meffire Jean-Batifte Strozzi opofe la difpofition teftamentaire de Leon, qui l'a inftitué heritier univerfel, pour ôter les droits de la fucceffion legitime ; auffi les defcendans des filles opofent à Meffire Jean-Batifte Strozzi, contre le droit particulier de Rome, la difpofition d'un fideicommis contractuel.

Les Statuts de Rome (fupofé qu'ils foient veritables, & qu'ils duffent être obfervés aux fucceffions ab inteftat) ne peuvent avoir lieu au fait dont il s'agit, vû que la difpofition de l'homme fait ceffer la difpofition de la Loi.

Si la caufe étoit jugée en France où le Contrat du 22. Fevrier 1560. a été paffé, elle recevroit peu de doute.

En premier lieu, elle n'en recevroit point pour la verité & la validité du Contrat ; on n'y confidereroit pas beaucoup les moyens qui font opofés pour ce regard ; ils ont été ci devant déduits, & il a été répondu.

Et en fecond lieu, la caufe examinée dans le fond eft bonne pour adjuger le fideicommis aux enfans & defcendans des fœurs de Leon, qui font les defcendans de Robert Strozzi, & partant à Madame la Ducheffe de Montauzier & aux Damoifelles de Grignan, qui font la fille & les petites-filles de la Dame Marquife de Rambouillet, laquelle étoit vivante après le decès de Leon Strozzi fon grand-oncle.

PHILIPPE STROZZI,
CLARICE DE MEDICIS.

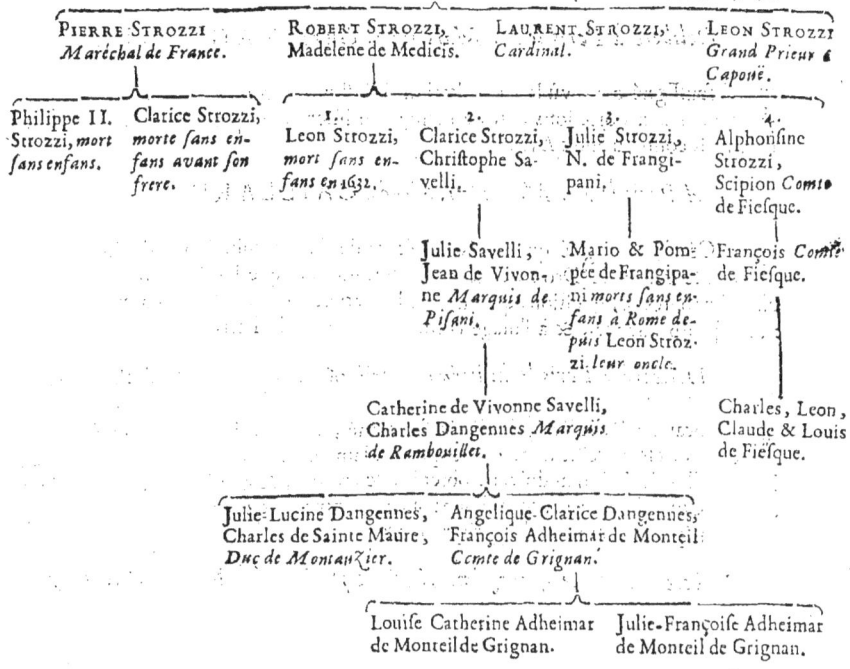

PIERRE STROZZI *Maréchal de France.*	ROBERT STROZZI, Madeléne de Medicis.	LAURENT STROZZI, *Cardinal.*	LEON STROZZI, *Grand Prieur à Capoüe.*
Philippe II. Strozzi, mort fans enfans. Clarice Strozzi, morte fans enfans avant fon frere.	**1.** Leon Strozzi, mort fans enfans en 1632. **2.** Clarice Strozzi, Chriftophe Savelli.	**3.** Julie Strozzi, N. de Frangipani,	**4.** Alphonfine Strozzi, Scipion *Comte de Fiefque.*
	Julie Savelli, Jean de Vivon-ne *Marquis de Pifani,* Mario & Pompée de Frangipa-ni morts fans en-fans à Rome de-puis Leon Stroz-zi leur oncle.		François *Comte de Fiefque.*
	Catherine de Vivonne Savelli, Charles Dangennes *Marquis de Rambouillet.*		Charles, Leon, Claude & Louis de Fiefque.

Julie-Lucine Dangennes, Charles de Sainte Maure, *Duc de Montauzier.*	Angelique-Clarice Dangennes, François Adheimar de Monteil *Comte de Grignan.*

Louise Catherine Adheimar de Monteil de Grignan.	Julie-Françoise Adheimar de Monteil de Grignan.

Pierre Strozzi Maréchal de France étant mort en 1557. laiffa Philippe II. Strozzi fon fils, avec lequel Robert Strozzi fon oncle fit le Contrat du 22. Fevrier 1560. portant le fideicommis dont il s'agit.

Robert Strozzi deceda en 1566. laiffant Leon Strozzi fon fils, Clarice, Julie & Alphonfine fes filles.

Philippe Strozzi mourut fans enfans en 1582. au moyen dequoi le fideicommis porté par le Contrat du 22. Fevrier 1560. fut ouvert en la perfonne de Leon Strozzi fon coufin.

Leon Strozzi eft mort à Rome en 1632. n'ayant point d'enfans, & laiffant pour fes heritiers préfomptifs Marie & Pompée de Frangipani fes neveux, enfans de Julie Strozzi fa fœur, la Dame Marquife de Rambouillet petite fille de Clarice Strozzi, & les Sieurs de Fiefque enfans d'Alphonfine. Leon Strozzi ayant inftitué un autre heri-tier, le fideicommis leur apartient.

Madame la Ducheffe de Montauzier & les Damoifelles de Grignan ont fuccedé aux droits de la Dame Marquife de Rambouillet leur mere & ayeule.

La mániere de l'inftruction, & celle de traiter les queftions, font laiffées au Con-feil de Rome, attendu que ce font des manieres differentes de celles de France.

Deliberé à Paris au mois d'Octobre 1670. Signé DE GOMONT.

LE fouffigné Doyen des Avocats au Parlement de Paris, après avoir examiné les circonftances des faits ci-deffus propofés, & des pieces mentionnées en la Delibe-ration ci-devant écrite, eft de pareil avis que celui ci-deffus.

Deliberé à Paris le dix-neuf Mars 1671. Signé, AUZANET.

L E Conseil soussigné estime que toutes les maximes qui sont exposées dans la Consultation ci-dessus ne peuvent être contestées, parce qu'elles sont universellement reçuës & établies dans les Jurisdictions du Royaume de France ; & ainsi est en tout de même sentiment que M. de Gomont.

Deliberé à Paris le 21. Mars 1671. Signé, R A G U E N E A U.

L E soussigné qui a vû la Consultation ci-dessus, qui contient les moyens & les réponses aux objections, est de même sentiment, ne pouvant être rien ajoûté à ce qui est contenu audit Avis.

A Paris le 27. Mars 1671. Signé, C A I L L A R D.

L E Conseil soussigné qui a pris la lecture de la Consultation ci-dessus, est d'avis que le Fait & le Droit y sont tres bien traités, & que les decisions qu'on y a établies sur toutes les questions qui en sont la matiere, sont conformes aux principes de notre Jurisprudence, & à l'usage constant du Palais de Paris.

Deliberé à Paris le huitiême Avril 1671. Signé, B I L A I N.

L 'Avocat au Parlement de Paris soussigné, aprés avoir examiné le Conseil ci-dessus, est pareillement d'avis que Madame la Duchesse de Montauzier, & les Damoiselles de Grignan doivent obtenir à leurs fins, & que les maximes expliquées dans le Conseil, sont conformément à ce que nous pratiquons dans le Royaume, & aux principes generaux de la Jurisprudence.

Deliberé à Paris le quinziême Avril 1671. Signé I. M. R I C A R D.

De l'Imprimerie d'André Cramoisy, ruë de la Harpe,
au Sacrifice d'Abraham. 1699.

www.ingramcontent.com/pod-product-compliance
Lightning Source LLC
Chambersburg PA
CBHW050427210326

41520CB00019B/5829